AF327582

LIVRET

Enseignement Mutualiste

PAR

J. BARBERET

Directeur de la Mutualité au Ministère de l'Intérieur.

10 Barêmes

4 Graphiques

PARIS
LIBRAIRIE CH. DELAGRAVE
15, RUE SOUFFLOT, 15

et

REVUE DES ASSOCIATIONS PROFESSIONNELLES ET MUTUELLES
3, Rue Mariotte

LIVRET

Renseignement Mutualiste

par

J. BARBERET

Directeur de la Mutualité au Ministère de l'Intérieur.

10 Barêmes

4 Graphiques

PARIS

LIBRAIRIE CH. DELAGRAVE

15, RUE SOUFFLOT, 15

et

REVUE DES ASSOCIATIONS PROFESSIONNELLES ET MUTUELLES

3, Rue Mariotte

LIVRET

d'Enseignement Mutualiste

PAR

J. BARBERET

Directeur de la Mutualité au Ministère de l'Intérieur,

---

10 Barêmes

4 Graphiques

PARIS

LIBRAIRIE CH. DELAGRAVE

15, RUE SOUFFLOT, 15

PRÉFACE

Le principe mutualiste prend des racines profondes dans notre pays. Son développement rapide depuis quelques années comble de joie ses partisans, autant qu'il contriste ses adversaires, car le mouvement admirable des classes laborieuses sur le terrain de la prévoyance rencontre des hostiles, quelque peu honteux, il est vrai, leur animosité ne reposant sur aucune base sérieuse, mais tout de même jaloux, sans doute de ne pas être à sa tête.

Ce sont des esprits chagrins, ne trouvant rien à leur guise, inaptes à produire chose pratique, nuisibles à qui veut faire œuvre d'utilité publique. Laissons-les dans leur opposition stérile et continuons notre marche vers le but humanitaire qui nous est assigné.

En rédigeant cet opuscule, j'ai voulu simplifier autant que possible les explications qu'il comporte. Le procédé par questions et réponses précises m'a paru préférable, étant donné que mon cadre comprend les différentes espèces de la mutualité, partant de l'enfance la plus tendre, la suivant dans ses transformations, en passant par l'adolescence, la virilité, l'âge mûr, jusqu'à la vieillesse. La concision s'imposait. Je me suis efforcé de traiter toutes ces choses en peu de lignes.

Après un exposé succinct du passé et un aperçu de la mutualité maternelle je donne plus d'ampleur à la mutualité scolaire, dont la direction reste indécise et préoccupe les sociétés d'adultes qui, par le maintien du sociétariat après la scolarité primaire, voient en elle peut-être un obstacle à leur recrutement. C'est une affaire conventionnelle entre les ayants cause. En attendant l'adoption d'un *modus vivendi*, l'affiliation post-scolaire prolonge la mutualisation des écoliers.

Vient ensuite la mutualité militaire, appelée à faire disparaître l'intervalle formé jusqu'alors parmi les mutualistes avec
le passage obligatoire des jeunes gens dans l'armée. C'est
une forme nouvelle à l'état encore embryonnaire, mais dont
l'avenir se présente sous un jour très favorable, non seulement pour les appelés sous les drapeaux à titre temporaire,
mais aussi pour les soldats de carrière, officiers de tous
grades, sous-officiers rengagés et assimilés. Je jette également un coup d'œil sur ce rameau de récente création.

Mon étude se termine naturellement à la dernière gradua-
tion, représentée par la mutualité d'adultes, qui se poursuit
sans interruption ni modifications jusqu'à l'âge où le sociétaire reçoit une pension de retraite.

Pour faire toucher du doigt les points saillants de cet
abrégé, j'ai intercalé dans le texte des tableaux, des graphiques et des barèmes indiquant les améliorations obtenues
dans la maternité, celles qu'il faut atteindre dans la mutualité scolaire, et les échelles de primes, soit pour fixer la
quotité des pensions aux âges déterminés par les statuts
sociaux, soit pour baser les assurances sur la vie ou en cas
de décès.

Puisse ce petit cahier, mis à la portée de toutes les bourses,
donner aux administrateurs mutualistes insuffisamment initiés
aux détails administratifs des sociétés, les indications les
plus nécessaires à leur gestion.

J. B.

LIVRET

D'ENSEIGNEMENT MUTUALISTE

APERÇU D'ENSEMBLE

Qu'est la mutualité? — L'union des faibles pour s'entr'aider et parer aux nécessités de l'existence. Elle remonte à tous les temps, sous des formes variées, selon les difficultés qu'elle a rencontrées. Toujours des groupements d'individus se sont formés, sans lois ou légalement, dans le but de soulager les misères du jour et d'assurer la sécurité du lendemain.

Quelles transformations a-t-elle subies? — Depuis que l'histoire nous apprend les phases de l'humanité à travers les siècles, la mutualité, en quelque sorte innée avec la famille, et sans interrompre sa fonction, a enduré des persécutions qui l'ont obligée à modifier ses manières d'être.

Tantôt agissant au grand jour sous l'autorité tolérante, tantôt dissimulée dans le mystère sous la tyrannie, elle a survécu aux secousses qui lui ont été imprimées.

Quels caractères a-t-elle revêtus? — Ses modes ont différé en raison de l'esprit des peuples. Le compagnonnage et les confréries composaient ses espèces principales. Il n'y a pas lieu de rechercher ici ses méthodes dans les autres pays. Pour le précis que je veux exposer, la mutualité française suffira.

Avant l'invasion romaine, les peuplades gauloises se

fédéraient, autant pour l'échange de leurs produits respectifs en temps de paix que pour faire face au danger commun en cas d'irruption étrangère.

Devenues romaines, les Gaules eurent des associations réorganisées au degré civilisateur des conquérants.

A l'arrivée des Francs, jusqu'au règne de Clovis, la solidarité entre les humbles eut une accalmie; elle végétait, mais sans disparaître.

Avec l'ère chrétienne effective chez nous, un sentiment de fraternité relatif se substitua au tempérament brutal et despotique des nouveaux maîtres. Au lieu du gant de fer, le gant de velours, mais la main du pouvoir resta compressive. Les associations corporatives, qu'elles fussent compagnonniques dans le travail salarié ou patronales avec les maîtrises et les jurandes, subordonnaient leur action à l'autorité ecclésiastique toute-puissante jusqu'à la Révolution de 1789.

Après la Révolution l'idée mutualiste s'est-elle étendue? — L'Assemblée nationale, issue de la volonté populaire, a voulu instaurer une société nouvelle, basée sur des principes nouveaux. Elle a dû faire table rase des institutions préexistantes et sacrifier même celle que le monde du travail pratiquait pour sa sauvegarde contre les privilégiés. La loi des 14-17 juin 1791, dite loi Chapelier, interdisait les réunions ou associations entre membres d'un même métier ou profession, ayant en vue la défense de « leurs prétendus intérêts communs ». Puis vinrent les lois du 22 germinal, an XI (12 avril 1803), réprimant les coalitions entre ceux qui travaillent ou ceux qui font travailler; des 16-26 février 1810 (articles 291 à 294 du code pénal, défendant les réunions ou associations non autorisées et composées de plus de vingt personnes); des 19 février et 1er mars 1810 (articles 414 à 416 du code pénal, aggravant les sévérités de la loi du 22 germinal); du 10 avril 1834, s'étendant aux sociétés partagées en sections, alors même que ces fractions se réunissaient en nombres inférieurs à vingt et à des lieux différents.

Néanmoins, les besoins de la vie chez les pauvres dominèrent l'individualisme révolutionnaire. Des associations se formèrent secrètement, ou avec autorisation et surveillance des gouvernements monarchiques, jusqu'en 1850. Ce fut une nécessité d'ordre public et même de sécurité sociale.

A quelle date les sociétés de secours mutuels ont-elles vécu sous une législation propre? — La loi du 15 juillet 1850 fut spécialement affectée à la mutualité. Ses règles sont quelque peu étroites, mais elles permettaient aux mutualistes de se mouvoir dans une certaine personnalité civile.

Vint le décret-loi organique du 26 mars 1852 rendu en période dictatoriale, qui traçait une ligne de démarcation entre les sociétés philanthropiques, en général, et celles qui avaient pour objet les soins aux malades : gratuité médicale et pharmaceutique, indemnité de chômage pendant la morbidité.

Le décret du 26 avril 1856 ajouta les retraites par les excédents de recettes sur les dépenses de maladie.

Bien que marquant un progrès très sensible sur les lois antérieures, les décrets de 1852 et de 1856 maintenaient certaines restrictions dans le jeu des sociétés de secours mutuels. Pour les créer, il fallait, dans une commune, les avis du maire, du curé, du conseil municipal, et l'autorisation du préfet. Les sociétés ainsi constituées ne pouvaient s'étendre aux communes voisines, si celle du siège social comptait plus de 1 000 habitants. Le préfet les suspendait et les dissolvait par simple arrêté. Leur capacité civile se bornait à la possession mobilière. Elles ne s'unissaient point à d'autres sociétés, voire de la même commune ou du canton, *a fortiori* départementales. Leur action était limitée à ses propres forces et, dans ces conditions, demeurait insuffisante.

A quelle date remonte la législation actuelle? — Au 1er avril 1898.

Les transformations industrielles et commerciales; les grandes entreprises qui ont marqué la seconde moitié du xixe siècle, nécessitèrent la réunion de capitaux considérables pour aller à bonne fin. Les capita-

capitalistes durent s'associer. Les associations d'employeurs impliquèrent celles des salariés sous diverses formes et avec des frontières étendues.

La légalisation des syndicats professionnels, par l'acte parlementaire du 21 mars 1884, fut le prélude de l'aisance indispensable à l'organisation du travail. Cette latitude en appelait une autre : la réforme de la réglementation concernant la mutualité. La modernisation large de tous les moyens usités commandait, en face de la franchise syndicale, la liberté mutualiste.

Quelles sont les nouvelles libertés accordées aux sociétés de secours mutuels? — La loi du 1er avril 1898 a effacé les obstacles que ces associations rencontraient dans leur fonctionnement. Maintenant, pour créer une société de secours mutuels, il n'est plus besoin de l'avis du maire ni du curé; le conseil municipal n'est plus consulté; l'autorisation du préfet n'est plus demandée. Pour obtenir l'approbation, les fondateurs n'ont qu'à déposer les statuts sociaux en quadruple exemplaires à la sous-préfecture de l'arrondissement du siège social, ou à la préfecture du département. Le sous-préfet ou le préfet en délivre un récipissé obligatoire et les transmet au ministre de l'intérieur qui les examine et ne peut opposer son refus qu'en deux cas : 1° s'ils sont contraires à la loi; 2° si les recettes ne sont pas proportionnées aux dépenses. Il convient d'ajouter que le refus ministériel est susceptible d'un recours au Conseil d'État.

D'autre part, la limite communale n'existe plus. Les sociétés sont libres d'étendre leurs rameaux au canton, à l'arrondissement, au département, au pays tout entier. Il leur est loisible de constituer entre elles des unions départementales ou régionales pour établir certains services qu'une seule ne pourrait garantir : la réassurance continuant les soins aux malades après l'expiration des secours qui leur sont dus par les sociétés respectives auxquelles ils sont affiliés; la mise en subsistance, en vertu de laquelle les mutualistes, changeant temporairement de résidence, sont reçus dans les sociétés existant où ils vont demeurer et traités aux frais de celles qui les accréditent; la mutation, qui les transfère définitivement à d'autres sociétés, en tenant compte de leurs droits acquis dans celles qu'ils quittent; la création de pharmacies mutualistes, et différents points secondaires que la brièveté de ce manuel ne permet pas d'énumérer.

Au-dessus de ces unions s'est formée la fédération nationale qui, sans porter atteinte à l'autonomie de chacune d'elles, les agglomère et défend les intérêts généraux de la mutualité.

Comme on le voit par cet exposé, la législation de 1898, comparée à celle de 1852, marque un progrès considérable et donne à l'institution mutualiste une grande somme de liberté.

Quels avantages la loi de 1898 a-t-elle procurés aux mutualistes? — Cette loi a développé la capacité civile des sociétés approuvées. Non seulement elle les autorise à recevoir des dons et legs immobiliers, mais elle leur permet aussi l'acquisition, la vente et l'échange d'immeubles.

Le taux d'intérêt régulateur est celui de la caisse nationale des retraites pour la vieillesse, actuellement fixé à 3 fr. 50 p. 100. L'article 21 de ladite loi élève ce taux à 4 fr. 50 p. 100. La différence est comblée par un crédit inscrit chaque année au budget du ministère de l'intérieur.

En outre, l'article 23 de la même loi donne la faculté de liquider les pensions sur les intérêts des fonds de retraites versés à la caisse des dépôts et consignations, dont le taux est également de 4 1/2 p. 100.

Déjà, sous la précédente législation, l'article 20 de la loi du 20 juillet 1895 attribua aux sociétés approuvées possédant un fonds de retraites régulier, les trois cinquièmes des comptes abandonnés des caisses d'épargne. Ces comptes se prescrivent après trente années lorsque, durant ce laps de temps, ils n'ont été l'objet d'aucune opération de la part des déposants.

D'autre part, l'article 25 de la loi du 13 juillet 1896 majore les pensions inférieures à 360 francs liquidées en faveur des mutualistes âgés de 65 ans au moins et justifiant de 21 années de sociétariat.

Toutes les immunités concédées antérieurement sont maintenues. Aucune loi, en aucun pays, ne procure de semblables avantages à la mutualité.

La mutualité a-t-elle des annexes? — Plusieurs rameaux non prévus par le législateur de 1898, ou ayant échappé à son attention, se sont greffés sur les sociétés de secours mutuels proprement dites, notamment les mutuelles maternelles et les scolaires, qui prennent l'enfant à sa naissance et le conduisent jusqu'à la fin de sa scolarité primaire, même plus loin avec les sociétés post-scolaires. Récemment une troisième branche, celle de la mutualité militaire, a pris naissance ; elle continue les deux précédentes, pour qu'il n'y ait aucun intervalle dans l'affiliation à échéance extrême : à la pension de retraite.

MUTUALITÉ MATERNELLE

Comment sont nées les mutuelles maternelles? — Il y a une vingtaine d'années, quelques chefs de maisons parisiennes de l'industrie des tissus, — notamment M. Félix Poussineau, le couturier bien connu, — émus de la mortalité élevée chez les enfants du premier âge nés des ouvrières qu'ils occupaient, créèrent une société de secours mutuels spéciale, dite de mutualité maternelle, à l'usage de leur personnel féminin.

Moyennant une cotisation de 25 centimes par mois, les sociétaires, au moment du besoin prévu, reçurent une indemnité hebdomadaire de 12 francs, pendant quatre semaines, à condition qu'elles ne se livrassent à aucun travail durant ce laps de temps. S'il leur survenait deux enfants à la fois, l'indemnité était doublée. Chaque semaine, autant que possible, on apportait le nouveau-né au siège social ; on le passait sur une balance pour se rendre compte si son poids augmentait normalement, signe des soins voulus.

Si la maladie résultant des suites de la maternité

durait plus de quatre semaines, l'indemnité pouvait être également prolongée après avis du conseil d'administration. Des dames visiteuses allaient au domicile des mères pour constater si les règles de l'hygiène étaient bien observées. Une prime de 20 francs gratifiait celles allaitant au sein leur bébé. Les plus nécessiteuses recevaient gratuitement le berceau et la layette.

D'autres précautions furent prises en vue du but à atteindre.

Quels ont été les effets de cette organisation? — Les soins donnés aux mères ont eu heureuse répercussion sur les enfants. Auparavant, les ouvrières malades poussées par le besoin, reprenaient le travail avant la guérison et commettaient ainsi des imprudences nuisibles à leur santé. L'assurance de ressources suffisantes jusqu'au rétablissement de leurs forces les a préservées des suites funestes auxquelles la pauvreté les assujétissait. De ce bien-être les nouveau-nés ont également bénéficié. La mortalité du premier âge, qui, dans ce milieu, montait à 37 p. 100 avant la création de la mutualité maternelle, est descendue à 8 p. 100 depuis qu'elle fonctionne.

D'autres sociétés du même genre ont été fondées ensuite sur différents points du pays, notamment à Dammarie-les-Lys, bourg de Seine-et-Marne; à Vienne (Isère); à Lille et ailleurs. Une trentaine fonctionnent maintenant et d'autres sont en formation. Toutes obtiennent des résultats très satisfaisants.

Dammarie compte 1,600 habitants, en majeure partie cultivateurs. La population n'a presque pas varié depuis vingt ans. Les naissances et les décès du premier âge pendant quatorze ans ont été relevés à la mairie, sept ans avant le fonctionnement de la mutualité maternelle et les sept années suivantes. En voici le détail :

PREMIÈRE PÉRIODE SEPTENNALE

ANNÉES	NAIS-SANCES	DÉCÈS au-dessous de 1 mois	OBSERVATIONS
1887. . .	27	4	
1388. . .	33	3	Cette statistique donnant le
1889. . .	32	1	même nombre de naissances
1890. . .	23	»	au commencement et à la fin
1891. . .	28	2	de la période, prouve que
1892. . .	29	5	la population est demeurée
1893. . .	27	1	stationnaire.
Totaux.	199	16	

SECONDE PÉRIODE SEPTENNALE

ANNÉES	NAIS-SANCES	DÉCÈS au-dessous de 1 mois	OBSERVATIONS
1894. . .	27	1	
1895. . .	31	1	Nous sommes ici dans un
1896. . .	33	3	milieu rural, où la mortalité
1897. . .	34	2	infantile est plus faible que
1898. . .	59	1	dans les villes. On remarquera
1899. . .	39	1	que les proportions réductives
1900. . .	35	2	des décès sont à peu près
Totaux.	258	11	semblables.

Comme on le voit par les tableaux ci-dessus, la mortalité infantile, qui était là de 8 p. 100 avant 1894, s'est réduite à 5 p. 100 les années postérieures.

Sous un autre aspect, mais concomitant et coopérant, les mesures prises à l'égard des femmes sociétaires, avant et après la maternité, les ont maintenues en bonne santé, avec la quiétude d'esprit, et ont déterminé l'accroissement du nombre des naissances. Les deux coefficients, l'un réduit, l'autre augmenté, sont de nature à résoudre sensiblement le problème inquiétant de la dépopulation française.

Y a-t-il d'autres exemples? — La mutualité maternelle de Vienne a été fondée en 1894 par M. Bonnier,
fabricant de draps, occupant environ 500 ouvrières. Le
tableau des opérations de cette société, que nous don-
nons ci-dessous, fait ressortir que la mortalité des
enfants du premier âge s'est amoindrie de 21 à
6 p. 100 dans l'espace de sept ans, parce que la plu-
part ont été allaités au sein.

MUTUALITÉ MATERNELLE DE VIENNE

ANNÉES	NOMBRE DES PARTICIPANTES PAR ANNÉE	SECOURS ACCORDÉS		CATÉGORIES D'ENFANTS		ENFANTS VIVANTS	ENFANTS NOURRIS AU SEIN	ENFANTS NOURRIS AU BIBERON	ENFANTS DÉCÉDÉS DANS L'ANNÉE	
									NOMBRE	P. 100
Au 31 déc. 1895	422	41 98	130	Morts-nés. Embryonn. Non viables.	7 6 4	122	103	19	28	21,3
1896	425	70	70	Morts-nés. Embryonnaires. Non viables.	5 4 2	59	46	13	10	16,9
1897	432	78	78	Morts-nés. Embryonn. Non viables.	5 2 3	68	50	18	10	14,6
1898	468	72	72	Morts-nés. Embryonn. Non viables.	5 2 4	61	53	8	8	13,1
1899	492	72	72	Morts-nés. Embryonn. Non viables.	4 4 2	62	49	13	7	12,2
1900	493	75	75	Morts-nés. Embryonn. Non viables.	2 2 3	68	50	18	8	10,6
1901	491	77	77	Morts-nés. Embryonn. Non viables.	1 2 2	72	57	15	5	6,5
TOTAUX.		583	583		71	512	408	104	76	

OBSERVATIONS. — Comme on le voit par ce tableau, sur 512 enfants
vivants, 408 ont tété le lait maternel et 104 le biberon. La propor-
tion de la nourriture au sein est de 75 p. 100.

A Paris, cette œuvre restreinte d'abord aux ouvrières des tissus, s'étend à toutes les professions et au département de la Seine. Des sections sont établies dans les communes suburbaines. En multipliant dans toute la France des mutualités maternelles, on enrayera la dépopulation. Elles préservent ce qu'il y a de plus tendre et de plus touchant dans l'humanité : l'enfant ; ce qu'il y a de plus pur dans la femme : la mère. Elles aident l'un à vivre, l'autre à nourrir.

MUTUALITÉ SCOLAIRE ET POST-SCOLAIRE

Après la mutualité maternelle, vient la mutualité scolaire. — Quelle est son origine? — Il y a quelque vingt ans, un homme de bien, citoyen de grand cœur, philanthrope avisé, qui présidait la société de secours mutuels d'adultes du XIXᵉ arrondissement de Paris, eut une idée géniale. Il voulut faire bénéficier des bienfaits de la mutualité les enfants des écoles primaires de cet arrondissement. Après s'en être entendu avec les membres du corps enseignant, il fonda dans l'un des quartiers les plus pauvres de la capitale, à la Villette, la première société de secours mutuels scolaire. Ce bon citoyen, c'était M. Cavé.

Comment fonctionne-t-elle? — M. Cavé a pris les enfants dès l'âge de trois ans et les a gardés jusqu'à la fin de leur scolarité primaire, c'est-à-dire jusqu'à treize ans. Il leur a demandé deux sous par semaine, dont un sou pour assurer le service de maladie et un sou pour amorcer une pension de retraite.

Les débuts de cette création furent superbes. Tout ce qui est nouveau est beau. Mais ensuite un certain relâchement se produisit dans le paiement des cotisations. Fort heureusement M. Cavé n'était pas homme à reculer devant les difficultés. Elles ne firent, au contraire, qu'accroître son zèle et sa persévérance, et il finit par les vaincre. Il est bon d'ajouter que la collaboration des instituteurs et des institutrices ne lui fit pas défaut. Tous ont rivalisé d'ardeur pour mener à bien cette tentative si intéressante. La société scolaire initiale est aujourd'hui en pleine prospérité.

Cet exemple fut-il suivi dans les autres arrondissements de Paris? — La victoire assurée dans le XIXᵉ arrondissement, M. Cavé pensa doter les autres de cette organisation. A cet effet, il réunit tous les maires de Paris pour leur en expliquer le mécanisme et les engager à le pratiquer. Nos magistrats municipaux ne montrèrent pas beaucoup d'enthousiasme. Ils craignaient que les mutuelles scolaires ne fissent concurrence aux caisses d'épargne scolaires, dont ils étaient très fiers.

Un assistant leur fit observer que les caisses d'épargne scolaires constituaient des sortes de cagnottes du lundi, attendu qu'en maintes circonstances familiales, les déposants opéraient des retraits : à l'occasion du baptême d'un nouveau-né, à la première communion d'un frère ou d'une sœur, à la fête patronymique du père ou de la mère, et qu'à l'époque du tirage au sort, les derniers sous étaient retirés — s'il restait un dépôt.

Ces arguments et d'autres non moins concluants n'eurent pas le don de convaincre les édiles parisiens. Ils n'en furent pas moins sceptiques. Tout ce que l'on put retirer de cette réunion fut la création de deux sociétés scolaires, l'une dans le VIIIᵉ et l'autre dans le XVIᵉ arrondissement.

Que fit M. Cavé devant cette hésitation? — Se voyant insuffisamment compris à Paris, M. Cavé tourna ses efforts vers la banlieue, où il fut mieux écouté. Immédiatement les communes d'Aubervilliers, de Saint-Denis et de Courbevoie entrèrent dans le mouvement. D'autres suivirent, devançant ainsi les écoles de la capitale.

Comment l'écho de ce système parvint-il dans les départements? — La presse avait parlé de la mutualité scolaire. Les mutualistes de province s'en étaient préoccupés. Ils firent appel au créateur qui se rendit où on le demandait. Mais la tâche dépassait ses forces. Il ne pouvait, comme on dit vulgairement, être à la fois au four et au moulin. Pendant qu'il remplissait son apostolat dans l'Est, on le voulait à l'Ouest. De même lorsqu'il était dans le Nord, on le réclamait au Midi. C'était trop pour un homme seul.

M. Cavé eut-il des collaborateurs? — Dans ces conjonctures, il eut la bonne fortune de rencontrer à la Ligue de l'enseignement, un homme de grande intelligence et de très bonne volonté, alors professeur au lycée Janson-de-Sailly, qui lui dit : « Votre œuvre est magnifique, elle me séduit. Vous avez besoin d'un second, me voilà ! »

C'était M. Edouard Petit, aujourd'hui inspecteur général de l'enseignement primaire, juste récompense de son savoir-faire et de son dévouement à la chose publique.

Que firent ces deux apôtres? — Tous deux se mirent à la besogne. Le ministre de l'intérieur délivra à M. Cavé une lettre officielle l'accréditant auprès des municipalités. M. Edouard Petit en obtint une semblable du ministre de l'instruction publique le recommandant aux universités. De cette manière, l'un introduisit l'autre dans les mairies, et celui-ci fit entrer celui-là dans les écoles. Ils furent très bien accueillis. Bientôt, d'autres recrues devinrent nécessaires. D'accord avec son collègue de l'instruction publique, le ministre de l'intérieur investit douze professeurs de l'enseignement secondaire, pour donner, dans leurs régions, des conférences sur la matière.

Grâce à la direction imprimée, sur les indications des deux chefs de file et de l'administration, les espérances furent réalisées. Cette phalange, petite par le nombre, mais grande par le dévouement, déploya une telle activité qu'à présent nous comptons dans nos écoles plus de 2 000 sociétés scolaires comprenant 700 000 petits sociétaires.

Pour rendre justice à qui de droit, il convient d'ajouter que les inspecteurs d'académie, inspecteurs primaires, instituteurs et institutrices ont admirablement secondé les conférenciers et se sont rendus les principaux artisans du succès.

Quelle est la ligne de conduite des sociétés scolaires? — Au début, elles ont été engagées sur un terrain qui a changé d'aspect. Nous étions sous la législation du 26 mars 1852, laquelle prescrivait la liquidation des pensions par la caisse nationale des retraites pour la vieillesse. Le taux d'intérêt servi par cette caisse est de 3 fr. 50 p. 100. M. Cavé employa la méthode du livret individuel. Il n'y avait alors aucun désavantage, sauf un inconvénient dont je parlerai tout à l'heure.

Mais depuis est intervenue la loi du 1er avril 1898 qui permet, à son article 23, de liquider les pensions au taux de 4 1/2 p. 100 sur les intérêts des fonds communs de retraites versés à la caisse des dépôts et consignations, tandis que les versements sur les livrets individuels continuent à ne rapporter régulièrement que 3 fr. 50 p. 100, de sorte qu'un écart assez sensible existe entre les capitaux constitutifs de ces deux sortes de pensions.

Pour liquider une pension de 100 francs avec le livret individuel, au taux de 3 fr. 50 p. 100, il faut un capital de 2 857 francs. Au moyen du fonds commun, cette même pension de 100 francs ne coûte que 2 222 francs, soit en moins 635 francs. C'est quelque chose.

Quel est l'inconvénient signalé ci-dessus? — Etant donné que la mutualité scolaire doit être, en bonne logique, la pépinière des sociétés d'adultes, comment faire passer, avec le livret individuel, les mutualistes des écoles dans ces sociétés où le système du fonds commun est usité? Il y a incompatibilité entre les deux méthodes, parce que les cotisations portées sur les livrets individuels ne sont pas reversibles à l'avoir de la société après le décès des pensionnaires, tandis que le fonds commun constitutif de la rente fait, dans le même cas, retour au compte social. L'unification s'impose. Laquelle prendre? La plus profitable, celle qui peut le mieux aplanir les difficultés. En un mot il faut changer d'épaule le fusil porté et construire un pont pour faciliter aux enfants mutualistes le passage dans les sociétés d'adultes à la fin de leur scolarité primaire.

En quoi consisterait cette modification? — Les administrateurs des sociétés scolaires se sont préoccupés de cette question. En qualité de tuteurs des enfants dont ils gèrent les intérêts, ils comprennent que la situation nouvelle créée par la loi de 1898 nécessite l'emploi de moyens nouveaux, et ils tiennent à se dégager de toute responsabilité dans l'espèce. Étant majeurs ces enfants pourraient à bon droit faire observer qu'ayant la possibilité de placer leurs fonds de retraites au taux d'intérêt de 4 1/2 p. 100, les auteurs ont eu tort de les maintenir dans un moindre rapport.

La suppression complète du livret individuel apporterait un trop brusque changement dans l'usage établi; il y aurait lieu de le transformer de manière à laisser inscrite dans ses colonnes la part du fonds commun revenant à chaque sociétaire, et la quotité de la pension, année par année, à laquelle il aura droit à plusieurs âges déterminés. La reversibilité des cotisations aux ayants droit en cas de décès du sociétaire avant la liquidation de sa pension, selon l'assurance à capital réservé, pourrait être effectuée au moyen d'une contre-assurance dont les primes seraient payées par un léger versement supplémentaire.

La mutation d'un mutualiste scolaire dans une société d'adultes pourrait alors être opérée par le prélèvement de sa part du fonds commun sur le compte courant de la société scolaire qu'il quitterait, et le versement de son avoir dans la caisse de la société qui le recevrait.

M. Cavé a défini ce système sous l'appellation de « livret de pension mutualiste ».

A-t-on fait des comparaisons sur ce terrain? — M. Cavé estime que la très rapide décroissance des pensions produites, par les mêmes versements annuels, au cours des quatre périodes successives de la vie du travailleur, démontre clairement l'incontestable excellence de l'œuvre de la retraite pendant la jeunesse et l'adolescence; elle prouve en même temps la nécessité de ne pas interrompre les efforts faits en vue de cette même œuvre et d'autres assurances qui en sont les corollaires.

Or, les statuts des sociétés scolaires, ajoute-t-il, doivent en faciliter la poursuite dans les diverses associations dont fera partie le sociétaire après sa sortie de l'école. Et il a dressé des graphiques indicatifs représentant la différence existant entre les pensions liquidées par les deux méthodes : livret individuel et fonds commun. Voici le tableau comparatif basé sur un versement annuel de 4 francs et sur les subventions, selon le mode de placement des fonds.

Les colonnes granitées indiquent l'échelle des pensions obtenues à l'aide du livret individuel de la caisse nationale des retraites pour la vieillesse et les colonnes rayées montrent cette échelle par le fonds commun (pages 22 à 25) :

Considérations de M. Cavé. — Après avoir mis en évidence les bienfaits de la loi de 1898, M. Cavé, parlant du fonds commun comparé au livret individuel, faisait ces observations au congrès mutualiste de Montpellier tenu en 1899 :

. . . .

A vos yeux comme aux nôtres, messieurs, les sociétés de secours mutuels sans fonds commun n'offriraient-elles pas l'image d'abeilles sans ruche? Le partage annuel des bénéfices répartis sur les livrets individuels n'aurait-il pas quelque analogie avec l'éventrement de la poule aux œufs d'or?

Quel crédit, quelle influence pourriez-vous accorder à la société financière qui, sans se soucier d'accroître ses réserves, distribuerait, chaque année, la totalité de ses gains entre ses actionnaires? Une telle société serait-elle jamais capable d'entreprendre de grandes choses? Serait-elle même assez viable pour ne pas sombrer au premier revers de fortune?

Dans cet ordre d'idées, avez-vous pensé, messieurs, à ce qu'il adviendrait de la mutualité, si une diminution importante du taux de l'intérêt ou un cataclysme quelconque obligeait l'Etat à restreindre ou à suspendre ses sacrifices? La mutualité ne serait-elle pas arrêtée dans son essor, détruite peut-être, si, par une sage et persévérante prévoyance, elle ne s'était pas, dès longtemps, fortifiée de ressources suffisantes pour assurer son avenir?

Au point de vue de notre sécurité matérielle et morale, voilà des garanties que le livret de la caisse nationale des retraites ne saura jamais réaliser. Présente-t-il au moins des avantages financiers de nature à légitimer la préférence qu'on veut lui donner? Il n'en est rien. Si vous voulez jeter avec nous un coup d'œil sur les tarifs des pensions autrefois fournies par la caisse nationale des retraites sur le taux de 4 1/2, et de celles aujourd'hui obtenues au taux de 3 1/2 qui est le taux du livret individuel de cette même caisse, vous constaterez que la pension produite par une somme inscrite, **même à capital aliéné**, sur ce livret individuel est, jusqu'aux environs de quarante ans, notablement inférieure à la pension qu'obtient la même somme, placée seulement **à capital réservé**, au taux de 4 1/2 dont profite le fonds commun de retraite.

Si peu versés que nous soyons dans le calcul des pensions, il ne peut nous échapper que, pour la constitution de ces pensions, les sociétés de secours mutuels sont exactement dans les mêmes conditions que la caisse nationale des retraites, quant aux chances de survie et autres éléments d'évaluation, et que, même en tenant compte d'autres facteurs importants, comme les abandons, les cotisations des membres honoraires, etc., etc., nos sociétés sont virtuellement autorisées à compter sur des pensions supérieures à celles liquidées sur le capital aliéné par la caisse nationale des retraites.

Y a-t-il d'autres côtés désavantageux? — Le recrutement est merveilleux, grâce, je le répète, à la coopération du monde enseignant, mais il faut bien avouer que des points noirs apparaissent dans le tableau.

La majeure partie des livrets individuels appartenant aux mutualistes scolaires sont abandonnés par leurs titulaires. Ils sont délaissés dans les mairies, ou aux sièges sociaux, malgré les rappels adressés aux parents des enfants. Dans certaines sociétés, les abandons dépassent 80 p. 100. En pareils cas, les sommes versées sur les livrets, ainsi que les subventions de l'État, sont mises en sommeil pour un temps indéterminé, pouvant durer nombre d'années, voire jusqu'à la prescription. Alors ni les ayants droit directs, ni leurs familles n'en bénéficient, non plus les sociétés de secours mutuels.

Tandis qu'avec le livret de pension mutualiste, les versements abandonnés vont au fonds commun et profitent aux persévérants, à ceux qui font acte de prévoyance continue. De la sorte, les revenus s'accroissent en raison de l'augmentation du capital social, et deviennent ainsi plus élevés que par les seuls intérêts.

En outre, le capital amassé par une génération est acquis à la génération suivante, au lieu que, par le livret individuel, chaque génération absorbe ses économies, laissant aux couches ultérieures la charge de recommencer le même effort. Il y a dans ce genre d'opération une solidarité qu'on pourrait logiquement qualifier l'insouciance du lendemain.

Voyez-vous un père de famille ne laissant aucun patrimoine à ses enfants, dépensant tout de son vivant, et disant à leur sujet : ils feront comme moi? Cette théorie est inadmissible. Elle est contraire à nos mœurs, à notre génie national. En un mot, ce serait de l'imprévoyance.

Or, la mutualité n'est-elle pas une grande famille dont les membres sont reliés solidairement par une organisation échelonnée, dont la base est la société communale, le sommet la fédération nationale? Conçoit-on ce vaste fonctionnement dans un but restreint au profit des seuls hommes du jour? Pareille disproportion n'est pas acceptable.

Après sa sortie de l'école primaire, où le mutualiste scolaire doit-il continuer son sociétariat? — Lorsqu'il n'existe aucune société d'adultes dans les localités où fonctionnent des sociétés scolaires, j'aime mieux voir les écoliers adhérents conserver leur affiliation plutôt que de perdre le bénéfice de leur sociétariat antérieur. Et si des associations post-scolaires à l'usage des adolescents sortis de l'école sont greffées sur les scolaires, mieux vaut encore continuer la prévoyance sous cette forme annexe que de l'interrompre au risque de l'oublier.

Mais dans le cas où, au sortir de la scolarité primaire, existeraient des mutuelles d'adultes locales, les mutualistes scolaires doivent y être dirigés, et il appartient à ces sociétés de créer des sections de pupilles pour les recevoir. Autrement, les plaintes formulées contre la mutualité post-scolaire ne seraient pas fondées.

Sous quelles conditions les mutualistes scolaires ou

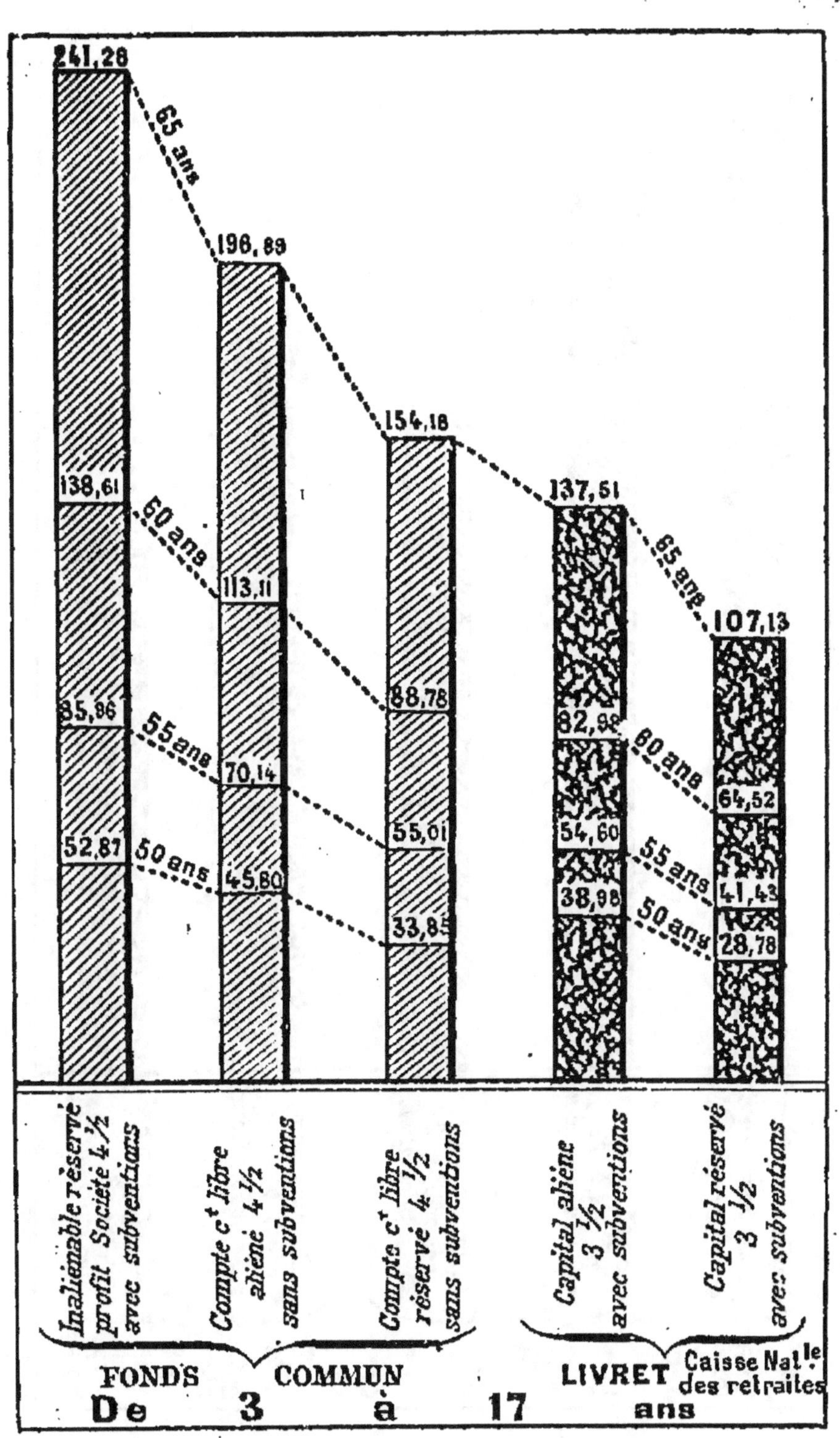
241,28
65 ans
196,89
138,61
60 ans
154,18
113,11
137,51
65 ans
107,13
85,86
55 ans
88,78
82,98
60 ans
70,14
64,52
52,87
50 ans
55,01
54,60
55 ans
41,43
45,80
38,98
50 ans
28,78
33,85
Inaliénable réservé profit Société 4 1/2 avec subventions
Compte c.t libre aliéné 4 1/2 sans subventions
Compte c.t libre réservé 4 1/2 sans subventions
Capital aliéné 3 1/2 avec subventions
Capital réservé 3 1/2 avec subventions
FONDS COMMUN
De 3 à 17
LIVRET
Caisse Nat.le des retraites
ans

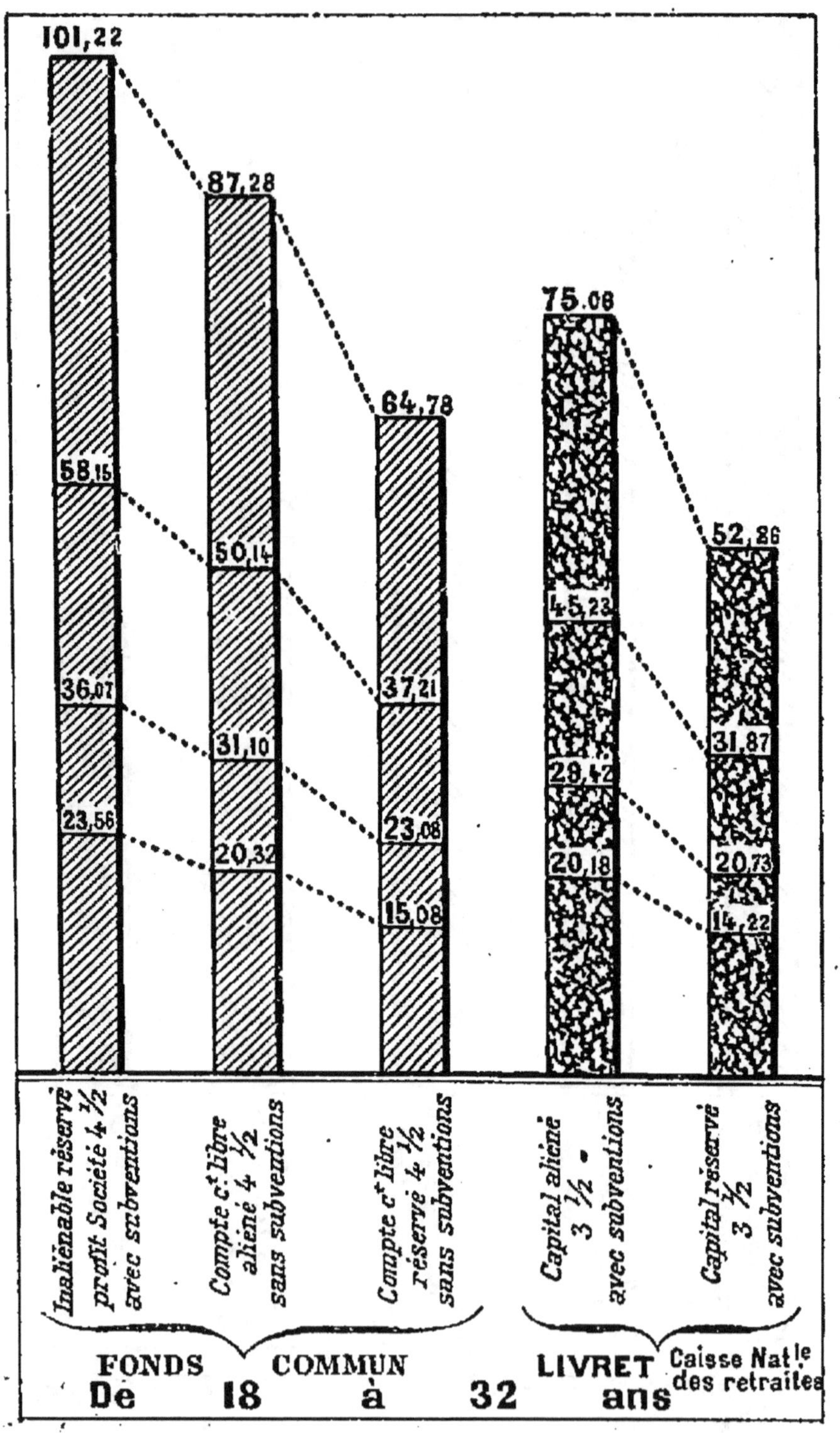

101,22
58,15
36,07
23,56
87,28
50,14
31,10
20,32
64,78
37,21
23,08
15,08
75,08
45,23
29,42
20,18
52,86
31,87
20,73
14,22
Inaliénable réservé profit Société 4 ½ avec subventions
Compte c.t libre aliéné 4 ½ sans subventions
Compte c.t libre réservé 4 ½ sans subventions
Capital aliéné 3 ½ - avec subventions
Capital réservé 3 ½ avec subventions
FONDS COMMUN
De 18 à 32 ans
LIVRET
Caisse Nat.le des retraites

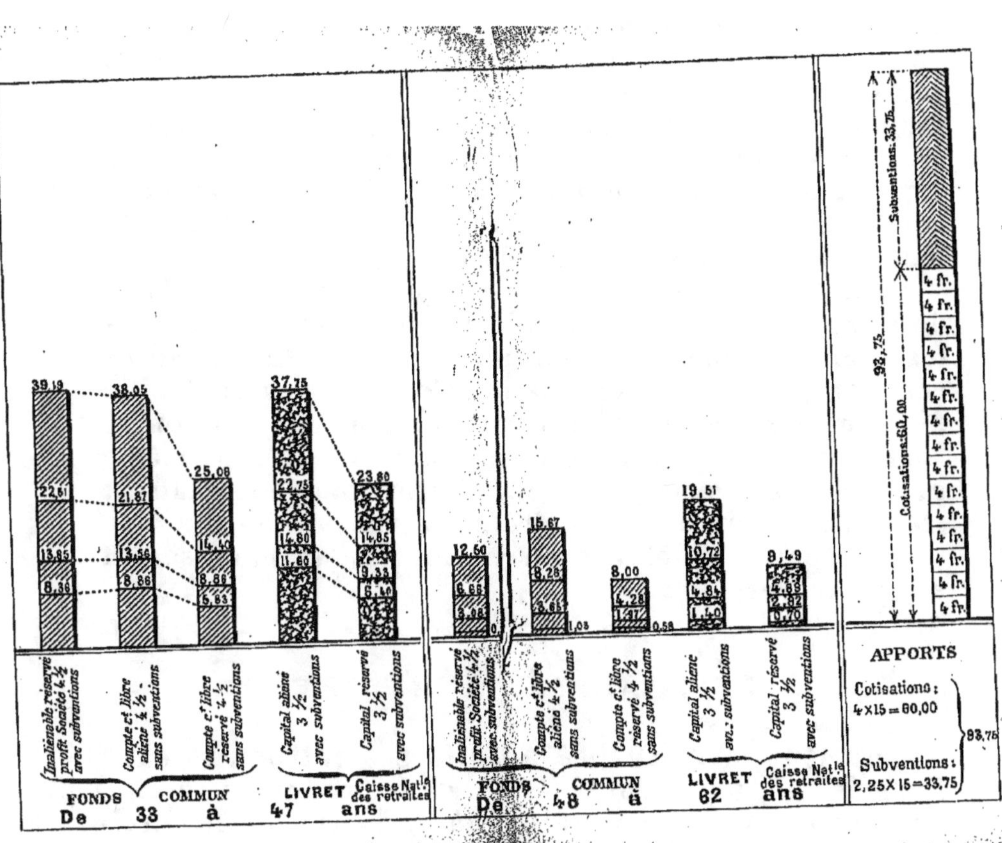

Inaliénable réserve profit Société 4 ½ avec subventions
Compte c.t libre aliéné 4 ½ sans subventions
Compte c.t libre réservé 4 ½ sans subventions
Capital aliéné 3 ½ avec subventions
Capital réservé 3 ½ avec subventions
FONDS COMMUN
LIVRET Caisse Nationale des retraites
De 33 à 47 ans
Inaliénable réserve profit Société 4 ½ avec subventions
Compte c.t libre aliéné 4 ½ sans subventions
Compte c.t libre réservé 4 ½ sans subventions
Capital aliéné 3 ½ avec subventions
Capital réservé 3 ½ avec subventions
FONDS COMMUN
LIVRET Caisse Nationale des retraites
De 48 à 62 ans
Subventions: 33,75
Cotisations: 60,00
93,75
4 fr.
4 fr.
4 fr.
4 fr.
4 fr.
4 fr.
4 fr.
4 fr.
4 fr.
4 fr.
4 fr.
4 fr.
4 fr.
4 fr.
4 fr.
APPORTS
Cotisations : 4 × 15 = 60,00
Subventions : 2,25 × 15 = 33,75
93,75

post-scolaires peuvent-ils entrer dans les mutualités d'adultes? — Les sociétés d'adultes feront preuve de sagesse en n'exigeant pas des mutualistes scolaires le droit d'entrée dans leurs contingents. Les enfants ou adolescents apportent moins de risques maladifs que les personnes âgées de quarante ans.

Moyennant une cotisation de 5 centimes par semaine, 20 centimes par mois, on leur donne 50 centimes par jour lorsqu'ils sont malades. L'apport est largement suffisant; des excédents de recettes sur ce chapitre sont toujours reversés au compte des livrets de retraite, bien que l'indemnité quotidienne allouée pendant la maladie dépasse au delà du double le taux de la cotisation mensuelle, base sur laquelle est établie généralement cette indemnité aux mutualistes adultes.

En outre, la cotisation des récipiendaires, avant l'âge de seize ans, sera rationnellement plus élevée que dans les sociétés scolaires, mais inférieure à celle des adhérents ordinaires. La péréquation s'opérera sur les droits. Malades, ils recevront en raison de leur mise de fonds. Leur pension de retraite décomptera d'après le même prorata, jusqu'à ce qu'ils contribuent comme les autres. De cette manière, les intérêts de chacun auront une juste répartition et les susceptibilités de tous seront sauvegardées.

MUTUALITÉ MILITAIRE

Comment la mutualité a-t-elle été introduite dans l'armée? A quelle date? — C'est une conquête récente sur l'esprit qui dominait naguère, en vue de la discipline, dans les hautes sphères militaires, où l'on ne se rendait peut-être pas assez compte des besoins nouveaux résultant à la fois des progrès intellectuels dans les masses et de l'augmentation des prix de tout ce qui est nécessaire à l'existence. Aujourd'hui, tous les jeunes gens valides sont soldats, et tous, en rentrant dans leurs foyers, rencontrent des difficultés plus grandes qu'autrefois pour faire face aux échéances du lendemain.

L'idée appartient au général André, lorsqu'il était ministre de la guerre. A la suite de conférences sur la mutualité, auxquelles sa présence amenait des officiers qui se montraient attentifs à ces questions, il crut possible de faire œuvre mutualiste dans l'armée. A cet effet, il s'en ouvrit au président de la République et au ministre de l'intérieur. Une commission interministérielle, composée de délégués des ministres de l'intérieur, de la guerre et de la marine, fut nommée par arrêtés pour étudier la confection de statuts-types spéciaux[1].

Quelle direction cette commission imprima-t-elle à ses travaux? — Dès ses premières séances elle reconnut qu'il y avait lieu de distinguer trois catégories principales de sociétés de secours mutuels dans l'armée, dont deux pour les militaires de carrière : 1° officiers de tous grades; 2° sous-officiers rengagés et assimilés, et la troisième à l'usage de soldats de passage accomplissant leur période de service obligatoire.

La commission a remarqué aussi que les sociétés de secours mutuels militaires existantes, comme la généralité des projets présentés pour en établir d'autres, avaient pour but principal l'assistance. Cette mesure revêt trop la forme charitable. Il ne faut pas confondre l'assistance et la prévoyance. Ce sont deux choses distinctes. L'assisté reçoit tout et ne donne rien. Au contraire, l'État dit au mutualiste : « Aide-toi d'abord; fais preuve d'économie, si modique soit-elle, et je t'aiderai ensuite, mais pas avant. »

---

1. Cette commission est composée de MM. Barberet, directeur de la mutualité au ministère de l'intérieur, président; Cavé, Mabilleau et Mirouël, membres du conseil supérieur de la mutualité, délégués du ministre de l'intérieur; le général de division Villien, le contrôleur général de l'armée Mauclère, le chef de bataillon Lejaille, et le sous-chef de bureau de la correspondance générale Chabbert, délégués du ministre de la guerre, ce dernier secrétaire; le contre-amiral Bernard, le directeur de la caisse des invalides de la marine Dewinck, et le sous-chef du contentieux Trayer, délégués du ministre de la marine. M. Roch, secrétaire de la direction de la mutualité, remplit les fonctions de secrétaire adjoint.

Donc, il a été convenu que les statuts-types à l'usage de la mutualité militaire seraient conçus dans le sens de la prévoyance.

Bien. C'est plus digne. — Quelles sont les suites de cette résolution? — Oui, c'est plus digne, surtout pour les militaires, qui ont le point d'honneur porté au plus haut degré.

La discussion, très étudiée, a mis en évidence la nécessité de faire tout d'abord des statuts pour la troupe. Ils sont terminés. Dans un travail remarquable, le rapporteur de la commission[1] les a expliqués. Les deux documents ont été remis à M. le ministre de la guerre, qui en fera l'objet d'une circulaire à tous les chefs de corps, par la voie des commandants de corps d'armée.

Ce qui les différencie de ceux des sociétés civiles, ce sont surtout la présidence et la trésorerie, de droit attribuées, en vue de la discipline hiérarchique, au colonel ou au capitaine-trésorier du régiment. C'est une légère modification à l'article 3 de la loi du 1er avril 1898[2], qui sera sans doute votée, sans discussion, à la Chambre des députés et au Sénat, au commencement d'une séance quelconque.

Quels versements demande-t-on aux hommes de troupe? — La cotisation des membres participants de la troupe a été fixée à 4 francs par an. La retenue en sera opérée par le trésorier à raison de un centime par jour, avec obligation pour l'affilié de verser le complément, soit 35 centimes, en une seule fois, au cours de l'exercice.

Il y a des soldats sans ressources, n'ayant d'autre argent de poche que le prêt de 25 centimes tous les cinq jours. On ne peut guère prélever dessus la cotisation, tant minime soit-elle. Ces 25 centimes sont nécessaires aux menues dépenses afférentes à l'entretien des

---

1. Ce rapporteur est M. le commandant Lejaille.
2. Cet article stipule que les membres du bureau sont nommés par le vote au bulletin secret.

effets du petit équipement. Mais d'autres inscrits sont dans l'aisance et reçoivent des mensualités plus ou moins importantes. Ceux-là feront volontiers acte de solidarité envers leurs camarades dans le dénuement; ils verseront discrètement au capitaine, à titre de membres honoraires, le centime quotidien qui resterait impayé et maintiendrait à l'écart de la mutualité les jeunes gens qui en ont le plus grand besoin.

Y a-t-il des exemples de cette bonne camaraderie? — Oui. Pour n'en citer qu'un, j'irai au 5ᵉ régiment de chasseurs à cheval, commandé par le colonel Boyer. Ce digne chef a fait une sorte de cagnotte avec les dons anonymes en faveur des plus pauvres.

Au mois d'octobre dernier, il a remis des livrets de pension à ses soldats libérés qui ont voulu être mutualistes et les a recommandés par lettre aux sociétés de secours mutuels des localités où ils allaient résider. Sur ces livrets étaient portés le droit d'entrée et le premier mois de cotisation pour amorcer la pension de retraite. Les fonds de la cagnotte ont passé sur les livrets des indigents. Le colonel avait 157 libérables.

De cette façon intelligente et véritablement philanthropique, le recrutement des mutuelles d'adultes aura lieu beaucoup plus facilement et plus fructueusement, à la fois pour les sociétés et leurs nouveaux sociétaires venant des régiments.

Reste-t-il d'autres points intéressants? — Complémentairement, les statuts mentionnent l'assurance au décès, le prêt d'honneur, les cours professionnels et le placement des libérés.

Par l'assurance au décès, la famille du défunt reçoit une somme lui permettant de pourvoir aux dépenses nécessitées par les funérailles et de parer aux premiers besoins qui se produisent souvent en pareil cas, en attendant que des ressources normales par le travail rétablissent l'équilibre dans le budget familial.

Le prêt d'honneur vient en aide aux sociétaires momentanément dans la gêne. Il est consenti, après enquête discrète, moyennant un léger intérêt, même gratuitement. Dans les sociétés où ce système est pratiqué, les rentrées, sauf de très rares exceptions, se font régulièrement. Les mutualistes sont gens de bonne foi et généralement ordonnés dans la gestion de leurs affaires.

Les cours professionnels dans les régiments sont utiles sous plusieurs rapports. Ils entretiennent l'esprit des professeurs dans la démonstration et maintiennent, en l'augmentant, au moins en théorie, le savoir-faire des élèves, qu'ils aient été ouvriers ou apprentis avant leur incorporation militaire.

Le placement des libérés rend aussi de grands services, notamment à ceux n'ayant pas de professions déterminées. A leur libération, des cultivateurs en trop grand nombre abandonnent le village pour la ville. La culture leur paraît trop fatigante et insuffisamment rémunératrice. Ils préfèrent un emploi quelconque dans le commerce, l'industrie, les administrations publiques surtout. Ces débouchés faisant défaut, on les voit domestiques en maisons bourgeoises, hommes de peine.

Puisque ces déracinés veulent quand même chercher un gagne-pain hors le toit paternel, la recommandation régimentaire mutualiste est la meilleure référence pour trouver une occupation.

Que seront les statuts relatifs aux officiers et sous-officiers rengagés ? — En ce qui concerne les militaires de carrière, officiers de tous grades, sous-officiers rengagés et assimilés, la commission a estimé qu'il y avait lieu d'étudier des statuts distincts, la situation des cadres étant particulière.

La loi du 1er avril 1898 ne se prête pas à la retraite de ces contingents, toujours supérieure au maximum de 360 francs, prévu par l'article 28. Elle se rapporte plutôt à leurs familles, de préférence au cas où ils décéderaient avant d'être pensionnés. C'est pour cette raison que la prévoyance à l'égard de ces deux catégories n'a pas fait partie du programme immédiat de la mutualité militaire.

D'ailleurs cette étude sera très simplifiée par différents projets dont les auteurs ont saisi les examinateurs, et l'on peut présumer d'ores et déjà que trois ou quatre séances suffiront pour les mettre au point.

Où en est la mutualité maritime? — Les délégués de la marine ont été nommés alors que les travaux de la commission avaient déjà pris tournure d'ensemble. Il a fallu les initier aux débats rétrospectifs et demander leur avis. Cet échange d'idées a démontré certaines dissemblances entre la condition des marins et celle des enrégimentés. L'administration des sociétés de secours mutuels à l'usage des premiers exige une organisation autre que chez les seconds.

Pour répondre au désir exprimé par les commissaires spéciaux, la commission a décidé que des statuts adaptés spécialement à la mutualité maritime seraient élaborés et présentés ultérieurement par eux.

Quel est le résumé? — En thèse générale, outre qu'elle peut être utilisée au profit direct des officiers, la mutualité offre à leur esprit un nouvel aliment. En temps de paix, avec l'instruction supérieure donnée dans nos écoles préparatoires et militaires, ils sont aptes aux fonctions d'éducateurs nationaux sur le terrain de l'économie sociale.

Les officiers ont à la caserne des possibilités à peu près exclusives. Il leur est loisible, après le repas du soir, de ménager aux hommes, chaque semaine, avec une familiarité excluant la raideur militaire, un entretien sur ces questions.

Dans la vie civile, ces facilités n'existent pas. Pour organiser une réunion nombreuse, des préparatifs minutieux sont nécessaires. La publicité des journaux est requise; des affiches sont apposées sur les murs; le ban et l'arrière-ban sont convoqués, et tout cela, souvent, pour aboutir à de maigres résultats.

Au régiment, le chef n'a qu'un mot à dire pour que chaque capitaine, tenant sous la main son effectif, le réunisse et lui inculque les notions de prévoyance. Les catéchumènes, bénéficiant de l'instruction obligatoire, comprennent plus que leurs devanciers l'idée solidariste.

Après la conférence entendue et le retour à la chambrée, se trouveront toujours un ou deux camarades mieux pénétrés des sujets traités. Ceux-là, accoutumés aux néophytes, reprendront les passages incompris et, d'un langage terre à terre, feront entrer complètement le principe, avec ses détails, dans le cerveau des sceptiques ou des méconnaissants.

Soldats pour le maintien de l'ordre à l'intérieur en temps de paix, comme pour la défense de la patrie en cas d'agression étrangère, la tâche des chefs de notre armée s'accroîtra par des services non moins utiles, en apprenant aux subalternes les notions qu'ils ont besoin de connaître, à titre de futurs citoyens, dans la lutte contre la misère et l'union pour la vie.

Ce sera pour eux une gloire civique et un bonheur intime.

MUTUALITÉ CIVILE D'ADULTES

Nous sommes au terme de l'affiliation mutualiste. — Nous en avons vu la genèse, depuis l'enfance jusqu'à l'expiration du service militaire actif. — Quel est son aspect au regard de l'adulte? — Pour le mutualiste de la veille continuant ses étapes dans la voie déjà pratiquée, la question se résout en quelque sorte d'elle-même. C'est la suite naturelle de sa marche. Les aspérités rencontrées sont aplanies, et il sait comment s'y prendre pour en surmonter d'autres. Mais si le récipiendaire ayant âge d'homme n'a pas encore fait acte de prévoyance, peut-être éprouvera-t-il un certain embarras pour s'initier, bien que l'initiation ne comporte aucun mystère. Ses conditions consistent tout simplement dans l'inscription et la cotisation.

Le nouveau venu remplit un bulletin d'adhésion et fournit un certificat médical constatant qu'il n'est atteint d'aucune infirmité ou maladie chronique. Ces pièces étant remises à qui de droit, on le nantit des statuts contenant les obligations de la société envers lui et celles qu'il contracte à son égard.

Quels sont les engagements réciproques? — Le sociétaire est tenu de payer, aux époques déterminées, les cotisations qu'il a librement consenties. Les termes ne sont pas absolument rigides. Si, par des circonstances de force majeure, il ne pouvait y faire face aux échéances, un délai renouvelable lui serait accordé pour se libérer. La devise des sociétés de secours mutuels comporte ces mots : « Aimons-nous, aidons-nous. »

Il doit assister aux assemblées générales de la société, s'y maintenir convenablement et, ni par son attitude, ni par ses propos, lui porter préjudice.

La société assure au sociétaire les soins du médecin et les médicaments lorsqu'il est malade. Elle lui procure en outre une pension de retraite à l'âge où ses forces ne lui permettent plus de gagner sa vie.

L'assurance contre la maladie est nécessaire au travailleur dont le salaire est l'unique ressource. Imprévoyant et malade, ses économies — s'il en a réalisé — sont vite épuisées. Alors, un seul refuge lui est ouvert : l'hôpital.

Souffrant, le mutualiste, grâce au petit sacrifice mensuel prélevé sur de menus frais dispensables, reçoit chez lui gratuitement, je le répète, médecin et remèdes, sans compter l'indemnité partiellement compensatrice de son salaire interrompu.

Viennent les vieux jours. En échange de la cotisation acquittée statutairement, le sociétaire a droit à une pension de retraite, laquelle, par les subventions de l'État et des membres honoraires, est très supérieure à celle qu'il pourrait se constituer à la seule aide de ses propres ressources.

Cette dernière affirmation est-elle bien réelle? — Sans doute. Dans les sociétés assurant à la fois le service de la maladie et celui de la retraite, les pensions ne coûtent rien aux retraités. Cela semble extraordinaire et cependant c'est exact.

D'après les statistiques du ministère de l'intérieur, basées sur les états dressés par les sociétés elles-mêmes, la cotisation moyenne annuelle des membres participants est de 13 fr. 19, et la moyenne de leurs dépenses en frais de maladie exclusivement s'élève à 15 fr. 59. Donc, si les ressources sociales se composaient uniquement de l'apport des participants, non seulement il serait impossible d'allouer des retraites, mais cet apport ne suffirait pas au paiement des frais de maladie.

Cependant la mutualité sert 12 millions d'arrérages à 120 000 pensionnaires, soit une moyenne de 100 francs par tête.

Alors, d'où viennent les fonds de retraites? — Ils sont dus aux cotisations des membres honoraires, aux dons et legs de plus en plus importants, aux subventions de l'État, aux libéralités départementales et communales, et aux intérêts des fonds placés. La fortune mutualiste atteint maintenant à peu près 450 millions de francs. Elle se grossit chaque année d'un nombre de millions s'augmentant en raison de l'accroissement des contingences. En 1904, l'excédent de recettes sur les dépenses est de 30 millions, bien que 35 millions aient été payés en frais de maladie et 12 millions aux pensionnaires. Le produit des cotisations a donné 50 millions en chiffre rond.

L'explication est concluante. — Peut-on faire partie de plusieurs sociétés en vue de se constituer une pension supérieure à 360 francs? Vous avez dit que la loi interdit le cumul des retraites dont le capital constitutif est placé à la caisse des dépôts et consignations. — **Dans quelle mesure?** — Tout prévoyant peut faire partie de plusieurs sociétés de secours mutuels pour se créer une pension de retraite, mais, en effet, la loi du 1er avril 1898 apporte une restriction à cette faculté. Aux termes de l'article 28, « les sociétaires qui s'affilieront à plusieurs sociétés en vue de se constituer une pension supérieure à 360 francs, ou des capitaux en cas de vie ou de décès excédant 3 000 francs, seront exclus, sous peine pour lesdites sociétés de perdre les avantages concédés par la loi ».

Par cette clause, le législateur a voulu éviter la création de sociétés par des capitalistes qui se fussent bonifiés des retraites avec l'intérêt de 4 1/2 p. 100 et les subventions de l'Etat. C'eût été pour eux un placement de tout repos et on ne peut plus avantageux.

Si, pour améliorer le sort des travailleurs, le parlement et le gouvernement de la République veulent bien favoriser le développement de la mutualité, par contre, ils ont raison de se montrer parcimonieux envers les gens aisés.

Les libéralités consenties aux mutualistes provenant des contribuables, pauvres ou riches, leur affectation ne doit pas comprendre une catégorie de personnes moins intéressantes que celles composant la masse productive.

A part les 360 francs provenant de la mutualité, le laborieux économe peut, au moyen du livret individuel, se constituer un supplément de 840 francs à la caisse nationale des retraites pour la vieillesse. Le maximum des rentes sur l'Etat est de 1 200 francs.

Il lui est loisible aussi d'adhérer à une ou plusieurs sociétés de secours mutuels libres, qui liquident elles-mêmes leurs pensions sur les intérêts des capitaux qu'elles placent en valeurs rapportant à peu près 3 p. 100.

Supposons un ouvrier âgé de quarante-huit ans. Son salaire est de 7 francs par jour. Combien doit-il verser pour s'assurer contre la maladie et obtenir une pension de 100 francs à soixante-cinq ans ? — Cette question présente deux cas : la maladie et la retraite. A cet âge, pour être soigné étant malade — car il y est plus assujetti qu'à trente-huit ans, par exemple — sa cotisation mensuelle ira de 2 fr. 50 à 3 francs, y compris le droit aux secours pour sa famille. Quant à sa pension, elle lui coûterait 2 fr. 15 par mois.

Cette prime, relativement élevée, est la conséquence de sa prévoyance tardive. Avec la même cotisation, son affiliation à trente-huit ans lui eût valu, non pas 100 francs, mais 225 francs, à la même échéance.

Aujourd'hui, pour avoir 225 francs, sa contribution mensuelle serait de 4 fr. 85. Avec un salaire quotidien de 7 francs, il pourrait supporter ce prélèvement et n'achèterait pas trop cher sa quiétude morale dans le présent, sa sécurité matérielle dans l'avenir.

Y a-t-il des barêmes permettant à quiconque de calculer ses primes et la quotité de sa pension ? — Pour ce faire je puis exposer deux barêmes très simples établis par l'actuaire de ma direction. L'un indique la rente viagère obtenue à cinquante, cinquante-cinq, soixante ou soixante-cinq ans, par le versement annuel de 1 franc, commencé à un âge quelconque. Le système de l'autre, basé également sur 1 franc, est appelé prime ou cotisation unique.

Voici le premier :

MONTANT DE LA RENTE VIAGÈRE, PAYABLE EN QUATRE PORTIONS ÉGALES PAR TRIMESTRES ÉCHUS, PRODUITE PAR UN VERSEMENT DE 1 FR., FAIT AU COMMENCEMENT DE CHAQUE ANNÉE.

Taux de l'intérêt annuel : 4 fr. 50 p. 100. — **Tarif aliéné.**

(Table de mortalité C. R.)

AGE au 1er VERSEMENT	JOUISSANCE DE LA RENTE A			
	50 ANS	55 ANS	60 ANS	65 ANS
Ans.	fr. c.	fr. c.	fr. c.	fr. c.
3	16,2862	25,1393	40,6934	70,7697
4	15,4168	23,8241	38,5969	67,1625
5	14,5888	22,5745	36,6049	63,7351
6	13,8020	21,3857	34,7098	60,4745
7	13,0527	20,2535	32,0050	57,3692
8	12,3384	19,1741	31,1844	54,4088
9	11,6570	18,1445	29,5431	51,5848
10	11,0068	17,1619	27,9768	48,8899
11	10,3861	16,2240	26,4817	46,3174
12	9,7937	15,3289	25,0548	43,8623
13	9,2285	14,4748	23,6933	41,5197
14	8,6894	13,6603	22,3940	39,2857
15	8,1756	12,8840	21,1573	37,1563
16	7,6862	12,1445	19,9784	35,1280
17	7,2203	11,4404	18,8561	33,1970
18	6,7770	10,7705	17,7882	31,3507

AGE au 1er VERSEMENT	JOUISSANCE DE LA RENTE A			
	50 ANS	55 ANS	60 ANS	65 ANS
Ans.	fr. c.	fr. c.	fr. c.	fr. c.
19	6,3555	10,1335	16,7728	29,6126
20	5,9548	9,4281	15,8077	27,9521
21	5,5742	8,9530	14,8909	26,3747
22	5,2127	8,4068	14,0202	24,8766
23	4,8695	7,8882	13,1934	23,4542
24	4,5436	7,3958	12,4084	22,1036
25	4,2342	6,9282	11,6630	20,8212
26	3,9403	6,4842	10,9552	19,6033
27	3,6612	6,0624	10,2829	18,4465
28	3,3960	5,6617	9,6442	17,3475
29	3,1440	5,2810	9,0373	16,3033
30	2,9046	4,9192	8,4606	15,3111
31	2,6771	4,5755	7,9126	14,3683
32	2,4610	4,2489	7,3920	13,4725
33	2,2557	3,9386	6,8974	12,6215
34	2,0606	3,6438	6,4275	11,8131
35	1,8753	3,3638	5,9812	11,0452
36		3,0979	5,5573	10,3158
37		2,8453	5,1647	9,6231
38		2,6055	4,7724	8,9653
39		2,3778	4,4094	8,3407
40		2,1616	4,0648	7,7478
41			3,7378	7,1852
42			3,4276	6,6515
43			3,1334	6,1453
44			2,8545	5,6654
45			2,5901	5,2105
46				4,7795
47				4,3713
48				3,9848
49				3,6192
50				3,2736

Les versements sont supposés être effectués, chaque année, jusques et y compris celle qui précède l'entrée en jouissance de la rente.

Exemple : un versement annuel de 1 franc, opéré à partir de dix ans produit à cinquante ans une rente de 11,0068, de 17,1619 à cinquante-cinq ans, de 27 fr. 9768 à soixante ans et de 48 fr. 8899 à soixante-cinq ans.

En versant 2, 4 ou 6 francs, la pension de retraite sera deux, quatre ou six fois plus élevée, et ainsi de suite jusqu'à concurrence de 360 francs.

Le second barème, à prime ou cotisation unique, nécessite un rapide aperçu. Il peut se juxtaposer sur celui des primes annuelles. La pratique mutualiste n'est pas enfermée dans une formule étroite hors de laquelle on ne puisse se mouvoir.

Pour faciliter aux sociétaires la plus large prévoyance possible, l'administration supérieure a toujours recommandé aux administrateurs des sociétés la centralisation de versements supplémentaires sur des livrets individuels pris à la caisse nationale des retraites.

Quelle est la raison de ces versements supplémentaires? —. En 1886, M. Constans, étant ministre de l'intérieur, voulut bien me confier la rédaction du projet de loi sur les retraites ouvrières qui porte son nom. Les recherches auxquelles je dus me livrer en cette circonstance me permirent de constater que, sur le total des livrets, 3 p. 100 seulement étaient aux mains d'ouvriers. Les 97 autres centièmes créditaient des capitalistes ou des rentiers ayant là, comme je le dis plus haut, un fructueux emploi de leur argent.

A quoi tient cette indifférence des travailleurs devant une institution créée plus spécialement pour eux? Probablement à ce que, le dimanche, jour de liberté pour les ouvriers, les guichets de l'État sont fermés. Puis, en semaine, les heures où ils sont ouverts coïncident avec celles du travail autre part.

Or, les occupés n'ont pas le loisir de quitter les vêtements d'atelier pour endosser ceux du repos et aller chez les receveurs. De là, sans doute, cette infinitésimale quantité que j'ai le regret de souligner.

Par quel moyen peut-on tourner la difficulté et renverser les proportions? — L'instrument existe et se met à la portée de tout le monde. C'est la société de secours mutuels.

Cent personnes isolées opérant chacune un versement sur leur livret à la caisse des retraites font cent déplacements individuels, aux jours et heures réglementaires.

Cent mutualistes appartenant à une même société ont latitude de se rendre le soir, après la journée remplie, au siège social, en fumant une cigarette, pour déposer leur épargne dans la caisse du trésorier, qui établit un bordereau nominatif et va seul faire le versement global.

C'est une commodité appréciable. En dehors de la pension liquidable sur le fonds commun social — égale pour tous — chaque sociétaire peut grossir la sienne, par le livret individuel, avec des versements réguliers ou intermittents, mais au taux d'intérêt de la caisse nationale des retraites, qui est de 3 fr. 50 p. 100.

Ce deuxième barème, inséré à la page suivante et calculé à raison de 4 fr. 50 p. 100, est praticable dans les sociétés approuvées dont les membres voudraient faire la même opération jusqu'à concurrence de 360 francs.

Exemple : Un versement unique de 1 franc à dix ans, produit à cinquante ans une rente de 0,6207 ; à cinquante-cinq ans, de 0,9379 ; à soixante ans, de 1,4951, et de 2,5725 à soixante-cinq ans.

Si un mutualiste quitte la localité où sa société est établie, conserve-t-il son sociétariat? — Un sociétaire changeant de résidence, temporairement ou définitivement, peut, dans le premier cas, être mis en subsistance dans une société de la localité où il va demeurer, ou, dans le second cas, y être l'objet d'une mutation. C'est dans ce double but que l'article 8 de la loi du 1er avril 1898 permet l'extension des unités mutualistes à toute la France et la création d'unions entre elles également sans limites territoriales.

Pourquoi et que signifient la mise en subsistance et la mutation? — Une société isolée, c'est-à-dire non ramifiée à d'autres, ne fait pas profiter ses membres des commodités et avantages résultant des unions. Si d'aucuns sont tenus, pour une cause quelconque, de se domi-

MONTANT DE LA RENTE VIAGÈRE, PAYABLE EN QUATRE PORTIONS ÉGALES, PAR TRIMESTRES ÉCHUS, PRODUITE PAR UN VERSEMENT UNIQUE DE 1 FRANC.

Taux de l'intérêt annuel à 4,50 p. 100. — Tarif aliéné.

(Table de mortalité C. R.).

AGE au VERSEMENT	JOUISSANCE DE LA RENTE A			
	50 ANS	55 ANS	60 ANS	65 ANS
Ans.	fr. c.	fr. c.	fr. c.	fr. c.
3	0,8704	1,3152	2,0965	3,6072
4	0,8270	1,2496	1,9920	3,4274
5	0,7868	1,1888	1,8951	3,2606
6	0,7493	1,1322	1,8048	3,1053
7	0,7143	1,0794	1,7206	2,9604
8	0,6814	1,0296	1,6413	2,8240
9	0,6502	0,9826	1,5663	2,6949
10	0,6207	0,9379	1,4951	2,5725
11	0,5924	0,8951	1,4269	2,4551
12	0,5652	0,8541	1,3615	2,3426
13	0,5391	0,8145	1,2984	2,2340
14	0,5138	0,7763	1,2376	2,1294
15	0,4894	0,7395	1,1789	2,0283
16	0,4659	0,7041	1,1223	1,9310
17	0,4433	0,6699	1,0679	1,8373
18	0,4215	0,6370	1,0154	1,7470
19	0,4007	0,6054	0,9651	1,6606
20	0,3806	0,5751	0,9168	1,5774
21	0,3615	0,5462	0,8707	1,4981
22	0,3432	0,5186	0,8268	1,4224
23	0,3259	0,4924	0,7850	1,3506
24	0,3094	0,4676	0,7454	1,2824
25	0,2939	0,4440	0,7078	1,2179
26	0,2791	0,4218	0,6723	1,1568
27	0,2652	0,4007	0,6387	1,0990
28	0,2520	0,3807	0,6069	1,0442
29	0,2394	0,3618	0,5767	0,9922

AGE au VERSEMENT	JOUISSANCE DE LA RENTE A			
	50 ANS	55 ANS	60 ANS	65 ANS
Ans.	fr. c.	fr. c.	fr. c.	fr. c.
30	0,2275	0,3437	0,5480	0,9428
31	0,2161	0,3266	0,5206	0,8958
32	0,2053	0,3103	0,4946	0,8510
33	0,1951	0,2948	0,4699	0,8084
34	0,1853	0,2800	0,4463	0,7670
35	0,1760	0,2659	0,4239	0,7294
36	0,1671	0,2526	0,4026	0,6927
37	0,1587	0,2398	0,3823	0,6578
38	0,1507	0,2277	0,3630	0,6246
39	0,1431	0,2162	0,3446	0,5929
40	0,1358	0,2051	0,3270	0,5626
41	0,1288	0,1946	0,3102	0,5337
42	0,1221	0,1845	0,2942	0,5062
43	0,1158	0,1750	0,2789	0,4799
44	0,1098	0,1659	0,2644	0,4549
45	0,1040	0,1571	0,2505	0,4310
46	0,0985	0,1488	0,2373	0,4082
47	0,0933	0,1409	0,2246	0,3865
48	0,0882	0,1333	0,2125	0,3656
49	0,0834	0,1260	0,2009	0,3456
50		0,1190	0,1897	0,3264
51		0,1123	0,1790	0,3080
52		0,1058	0,1687	0,2902
53		0,0996	0,1588	0,2732
54		0,0937	0,1493	0 2569
55			0,1403	0,2414
56			0,1316	0,2265
57			0,1234	0,2123
58			0,1155	0,1987
59			0,1080	0,1858
60				0,1734
61				0,1616
62				0,1503
63				0,1396
64				0,1293

cilier dans une autre commune, un autre arrondissement, voire hors du département, ils risquent de perdre leurs droits acquis. Tandis qu'étant reliée, l'union dont elle fait partie les rattache aux groupements de son ressort.

A titre provisoire, c'est la subsistance. Alors les subsistants continuent à figurer sur les registres de cette société. S'ils sont malades, elle paie les frais de maladie à la mutualité qui les reçoit et les fait soigner. Au retour, ils reprennent leur place restée vacante.

Si le départ des affiliés est définitif, intervient la mutation, qui constitue un nouveau sociétariat, avec la transmission de leur avoir social au moyen d'un jeu d'écritures entre trésoriers intéressés.

Les unions combinent-elles d'autres points généraux? — La loi leur confère la faculté de créer des pharmacies mutualistes à l'usage des sociétés qu'elles agrègent. Les membres des sociétés agrégées ont le droit, pour eux et leurs familles, d'y acheter les médicaments aux prix de revient.

Elles sont à même aussi d'organiser des assurances mutuelles pour couvrir les risques divers qui leur incombent, notamment, par la réassurance, les maladies de longue durée; de régler les pensions de retraite des participants compris dans leurs divisions, et de faire fonctionner des offices de placement gratuits.

Les unions forment-elles le dernier lien mutualiste? — Non. Elles-mêmes sont unifiées par la fédération nationale, dont les mandataires parlent et agissent au nom de la mutualité tout entière. C'est la fédération qui prépare les congrès nationaux où se traitent les questions d'ensemble et où sont prises les résolutions intéressant tous les mutualistes. Cette unification donne une force considérable à la prévoyance.

Une aussi vaste institution, englobant déjà 4 millions d'adhérents, est appelée à jouer un rôle prépondérant dans les destinées du pays. Si elle se maintient sur les bases solides qui la caractérisent; si elle sait se renfermer dans les limites rationnelles qui lui sont assignées — et il y a tout lieu d'espérer qu'elle n'en sortira pas — la fédération nationale de la mutualité assurera en France la quiétude du monde laborieux.

Y a-t-il d'autres genres d'assurances à la disposition des sociétés de secours mutuels? — Les sociétés de secours mutuels peuvent contracter envers l'État des assurances au profit des familles de leurs membres décédés. Trois formes se présentent. La première relève de la loi du 11 juillet 1868. En vertu de cette loi (articles 7 et 15), isolément les sociétés, libres ou approuvées, sont admises à faire des assurances collectives en cas de décès qui doivent englober tous leurs membres, sans exception. La somme assurée au décès de chacun d'eux ne peut excéder 1 000 francs.

Le président dresse une liste nominative indiquant la date de naissance des assurés. Il la dépose, avec les versements correspondants, prélevés sur le fonds commun social, chez les comptables du trésor public. Ce sont, à Paris, la caisse des dépôts et consignations; dans les départements, les trésoriers payeurs généraux, les receveurs particuliers des finances, les percepteurs des contributions directes et les receveurs des postes. Les versements sont effectués pour un an. Ces assurances ont leur effet à partir du premier jour du mois qui suit le paiement de la prime. L'encaissement après décès s'opère entre les mains du trésorier nanti d'un pouvoir spécial signé des membres du bureau.

Pour déterminer le montant des primes à payer, les tarifs sont calculés sur la mortalité moyenne dans la société pendant les cinq dernières années. La première assurance donne lieu, pour une année seulement, aux tarifs spéciaux mis en vigueur chez les sociétés assurées depuis cinq ans au moins. On additionne les âges des sociétaires, on divise le total par leur nombre et le quotient donne l'âge moyen. La prime correspondante à l'âge moyen est la base du calcul. On la multiplie par le nombre des membres, et l'on obtient la prime totale.

Les primes majorées ou minorées ne peuvent dépasser le double, ni descendre au-dessous de la moitié de leur chiffre primitif.

Voici le barême de cette première forme d'assurances :

BARÊME DES ASSURANCES COLLECTIVES EN CAS DE DÉCÈS,
PENDANT LÉ DÉLAI D'UN AN :

AGE	PRIME POUR ASSURER 100 francs	AGE	PRIME POUR ASSURER 100 francs	AGE	PRIME POUR ASSURER 100 francs
Ans.	fr. c.	Ans.	fr. c.	Ans.	fr. c.
		32 à 33	1,188	63 à 64	3,567
		33 à 34	1,201	64 à 65	3,823
3 à 4	2,798	34 à 35	1,215	65 à 66	4,240
4 à 5	2,211	35 à 36	1,229	66 à 67	4,702
5 à 6	1,862	36 à 37	1,166	67 à 68	5,218
6 à 7	1.609	37 à 38	1,100	68 à 69	5,802
7 à 8	1,458	38 à 39	1,112	69 à 70	6,304
8 à 9	1,301	39 à 40	1,123	70 à 71	6,879
9 à 10	1,078	40 à 41	1,135	71 à 72	7,544
10 à 11	0,847	41 à 42	1,148	72 à 73	8,123
11 à 12	0,732	42 à 43	1,160	73 à 74	8,797
12 à 13	0,737	43 à 44	1,173	74 à 75	9,353
13 à 14	0,742	44 à 45	1,186	75 à 76	9,995
14 à 15	0,747	45 à 46	1,285	76 à 77	11,036
15 à 16	0,815	46 à 47	1,388	77 à 78	11,994
16 à 17	0,885	47 à 48	1,494	78 à 79	13,159
17 à 18	0,892	48 à 49	1,605	79 à 80	14,607
18 à 19	0,900	49 à 50	1,720	80 à 81	15,793
19 à 20	0,972	50 à 51	1,932	81 à 82	17,097
20 à 21	1,047	51 à 52	2,062	82 à 83	17,667
21 à 22	1,057	52 à 53	2,103	83 à 84	18,754
22 à 23	1,068	53 à 54	2,243	84 à 85	20,804
23 à 24	1,079	54 à 55	2,391	85 à 86	23,419
24 à 25	1,090	55 à 56	2,446	86 à 87	25,314
25 à 26	1,101	56 à 57	2,608	87 à 88	27,019
26 à 27	1,113	57 à 58	2,781	88 à 89	30,684
27 à 28	1,125	58 à 59	2,856	89 à 90	35,333
28 à 29	1,137	59 à 60	2,935	90 à 91	41,222
29 à 30	1,149	60 à 61	3,019	91 à 92	48,182
30 à 31	1,162	61 à 62	3,227	92 à 93	53,000
31 à 32	1,175	62 à 63	3,451	93 à 94	70,667

Comment pratique-t-on la seconde forme? — Elle est contractée également pour la vie entière, puisqu'elle expire au décès de l'assuré; mais sa base est individuelle, et ne commence guère qu'à l'âge de seize ans. Le barême ci-dessous indique le capital assuré par le paiement d'une prime unique de 1 franc, au taux d'intérêt annuel de 4 fr. 50, d'après la table mortuaire de la caisse nationale d'assurance en cas de décès.

AGE AU VERSEMENT	MONTANT DU CAPITAL ASSURÉ AU DÉCÈS	AGE AU VERSEMENT	MONTANT DU CAPITAL ASSURÉ AU DÉCÈS
Ans.	fr. c.	Ans.	fr. c.
16	4,3417	39	2,9197
17	4,2710	40	2,8504
18	4,2000	41	2,7812
19	4,1286	42	2,7123
20	4,0568	43	2,6436
21	4,0001	44	2,5753
22	3,9430	45	2,5073
23	3,8857	46	2,4396
24	3,8281	47	2,3781
25	3,7702	48	2,3167
26	3,7121	49	2,2606
27	3,6538	50	2,2047
28	3,5952	51	2,1533
29	3,5363	52	2,1064
30	3,4774	53	2,0596
31	3,4181	54	2,0126
32	3,3586	55	1,9695
33	3,2990	56	1,9264
34	3,2391	57	1,8832
35	3,1792	58	1,8434
36	3,1190	59	1,8037
37	3,0588	60	1,7639
38	2,9892		

Exemple : En versant 100 francs à vingt ans, la somme

à payer au décès de l'assuré serait de 405 fr. 68, et de 347 fr. 74 à 30 ans.

Comment est conçue la troisième forme? — Elle est analogue à la seconde, avec cette différence que la prime est annuelle. La voici, calculée sur les mêmes bases, c'est-à-dire sur 1 franc versé à chaque exercice, au taux d'intérêt de 4 fr. 50 p. 100, mais avec un total correspondant au nombre d'années d'existence.

AGE AU 1ᵉʳ VERSEMENT	MONTANT DU CAPITAL ASSURÉ AU DÉCÈS	AGE AU 1ᵉʳ VERSEMENT	MONTANT DU CAPITAL ASSURÉ AU DÉCÈS
Ans.	fr. c.	Ans.	fr. c.
16	78,1128	39	45,0915
17	76,4719	40	43,4814
18	74,8222	41	41,8753
19	73,1641	42	40,2743
20	71,4981	43	38,6796
21	70,1792	44	37,0919
22	68,8539	45	35,5126
23	67,5225	46	33,0424
24	66,1850	47	32,5124
25	64,8417	48	31,0877
26	63,4923	49	29,7854
27	62,1374	50	28,4860
28	60,7768	51	27,2948
29	59,4109	52	26,2051
30	58,0399	53	25,1154
31	56,6639	54	24,0260
32	55,2832	55	23,0247
33	53,8981	56	22,0235
34	52,5089	57	21,0222
35	51,1161	58	20,0980
36	49,7197	59	19,1740
37	48,3205	60	18,2500
38	46,7048		

Exemple : Le maximum du capital assuré au décès étant

de 3 000 francs, avec le bénéfice du taux de 4 fr. 50 p. 100 (article 28 de la loi du 1er avril 1898), en versant à partir de vingt ans annuellement 42 francs, la somme revenant au décès de l'assuré sera de $71,49 \times 42 = 3\,000$ francs environ.

Il appartient aux sociétés approuvées comptant 1000 membres au moins de faire elles-mêmes ce genre d'assurances au moyen du placement, en compte courant, au taux de 4 fr. 50 p. 100, à la caisse des dépôts et consignations, des cotisations spéciales devant former le fonds de garantie.

Comment se répartissent les subventions de l'État ? — Elles sont ainsi fixées :

1º Le quart du versement au fonds de retraites ;

2º Un franc par membre participant des sociétés qui assurent à la fois le service de maladie et celui de la retraite ;

3º Cinquante centimes par membre participant des sociétés n'assurant que l'un de ces deux services ;

4º Un franc par membre participant âgé de plus de cinquante-cinq ans des sociétés assurant les deux services ;

5º Cinquante centimes par membre participant âgé de plus de cinquante-cinq ans des sociétés n'assurant que le service de la maladie ou celui de la retraite.

Toutefois, cette répartition est soumise aux restrictions suivantes :

Lorsque le nombre des membres participants est égal ou inférieur à 1 000, la subvention ne peut excéder 3 000 francs.

Si le nombre des participants est supérieur à 1 000, la subvention ne peut dépasser ce nombre multiplié par 3, ni la somme de 10 000 francs.

En aucun cas, elle n'est supérieure au chiffre du versement.

Au conseil supérieur de la mutualité, il est question de demander la modification de ce mode répartiteur.

CONCLUSION

En somme, la mutualité française prend aujourd'hui un développement rapide et du meilleur augure. Elle compte 20 000 sociétés comprenant 4 millions de membres. Depuis plusieurs années, son contingent s'augmente par exercice de 500 à 600 000 recrues. Bientôt la majeure partie des travailleurs seront englobés sous sa bannière.

La mutualité maternelle prend l'enfant à la mamelle et soutient la mère qui l'allaite; la mutualité scolaire conduit par la main l'écolier dans le chemin de la prévoyance; la mutualité militaire, récemment intervenue, comble l'intervalle résultant hier encore du passage au régiment; la mutualité d'adultes inculque à l'homme la persévérance dans la fraternité et la solidarité; puis elle assure au vieillard la quiétude au déclin de son existence.

A l'aube du xx⁰ siècle, elle se montre grande et forte, haute et puissante, sereine et radieuse, englobant toutes les forces vives de nos populations laborieuses et les guidant vers la sécurité. Elle apparaît comme un roc inébranlable, servant de pierre d'assises à la République pratique, à la République des travailleurs.

361-05. — Coulommiers. Imp. Paul BRODARD. — 4-05

www.ingramcontent.com/pod-product-compliance
Lightning Source LLC
LaVergne TN
LVHW010328030726
842520LV00004B/1328